# BEI GRIN MACHT SICH IHR WISSEN BEZAHLT

AF167115

- Wir veröffentlichen Ihre Hausarbeit,
  Bachelor- und Masterarbeit

- Ihr eigenes eBook und Buch -
  weltweit in allen wichtigen Shops

- Verdienen Sie an jedem Verkauf

## Jetzt bei www.GRIN.com hochladen und kostenlos publizieren

# Trainingsplanung für das Ausdauertraining inklusive Makro- und Mesozyklus

## Trainingslehre II

Leonie Feld

**Bibliografische Information der Deutschen Nationalbibliothek:**

Die Deutsche Nationalbibliothek verzeichnet diese Publikation in der Deutschen Nationalbibliografie; detaillierte bibliografische Daten sind im Internet über http://dnb.d-nb.de abrufbar.

ISBN: 9783346967572
Dieses Buch ist auch als E-Book erhältlich.

© GRIN Publishing GmbH
Trappentreustraße 1
80339 München

Druck und Bindung: Books on Demand GmbH, Norderstedt Germany
Gedruckt auf säurefreiem Papier aus verantwortungsvollen Quellen

Das vorliegende Werk wurde sorgfältig erarbeitet. Dennoch übernehmen Autoren und Verlag für die Richtigkeit von Angaben, Hinweisen, Links und Ratschlägen sowie eventuelle Druckfehler keine Haftung.

Das Buch bei GRIN: https://www.grin.com/document/1406717

Deutsche Hochschule für
Prävention und Gesundheitsmanagement
Hermann-Neuberger-Sportschule 3
66123 Saarbrücken

# Hausarbeit

| Studiengang | Ernährungsberatung |
|---|---|
| Studienmodul | Trainingslehre II |
| **Datum Präsenzphase** (siehe Ergebnisdokumentation) | 04.04. - 06.04.2022 |
| Aufgabe | Trainingsplanung für das Ausdauertraining |

# Inhaltsverzeichnis

# 1 Diagnose

## 1.1 Allgemeine und biometrische Daten

Tab.1: Allgemeine Daten

| Allgemeine Daten | | |
|---|---|---|
| Parameter | Kundendaten | Bewertung |
| Alter | 24 | erwachsen |
| Geschlecht | weiblich | - |
| Körpergröße | 178cm | Siehe Körpergewicht → BMI |
| Körpergewicht | 66kg | Berechnung BMI:<br>Gewicht [kg] / Größe [m²] = 20,83 kg/m²<br>Einstufung → Normalgewicht |
| | | **BMI** / **Ernährungszustand** |
| | | Unter 18,5 — Untergewicht |
| | | 18,5 – 24,9 — Normalgewicht |
| | | 25,0 – 29,9 — Prä-Adipositas |
| | | 30,0 – 34,9 — Adipositas Stufe 1 |
| | | 35,0 – 39,9 — Adipositas Stufe 2 |
| | | Über 40 — Adipositas Stufe 3 |
| | | Abb.1: BMI Einstufung gemäß WHO (2018) |
| Trainingsmotive | Bessere Grundlagenausdauer für Fußballspiele, bessere Sprintfähigkeit, bessere Konzentrationsfähigkeit | Primär werden leistungssteigernde Motive und sekundär präventive Motive genannt. |
| Berufliche Tätigkeit | Studentin | Keine körperliche Belastung |
| Aktuelle sportliche Tätigkeit | Fußball:<br>Training 2 mal/ Woche je 1,5 h<br>Spiel 1 mal/ Monat je 1,5 h | Eine allgemeine Grundlagenausdauer ist vorhanden. |
| Frühere sportliche Tätigkeit | Fußball:<br>Training 4 mal/ Woche je 1,5 h<br>Spiel 1mal/ Woche je 1,5 h | Da die Kundin früher über einen langen Zeitraum umfangreich trainiert hat, ist sie einen hohen Belastungsumfang pro Woche gewohnt. |
| Zeitlicher Verfügungsrahmen | 3 mal / Woche je 1 -1,5 h | Ausreichend Zeit um die Ausdauerleistungsfähigkeit zu verbessern. |

Tab.2: Biometrische Daten

| Biometrische Daten | | |
|---|---|---|
| Parameter | Kundendaten | Bewertung |
| Blutdruck | 115/ 62 mmHg | Einstufung:<br>systolisch → optimal<br>diastolisch → optimal<br>→ optimaler Blutdruck |

| | systolisch (mmHg) | diastolisch (mmHg) |
|---|---|---|
| Normalblutdruck | | |
| optimal | <120 | <80 |
| normal | 120-129 | 80-84 |
| hoch-normal | 130-139 | 85-89 |
| Bluthochdruck/ arterielle Hypertonie | | |
| Stufe 1 | 140-159 | 90-99 |
| Stufe 2 | 160-179 | 100-110 |
| Stufe 3 | ≥ 180 | ≥ 110 |

Abb.2: Klassifikation der Blutdruckwerte gemäß WHO (2018)

| Ruhepuls | 66 Schläge/ min | Einstufung: normal |
|---|---|---|

| Normal | 60-80 Schläge/ min |
|---|---|
| Untrainiert | >80 Schläge/ min |
| Trainiert | <60 Schläge/ min |
| Spitzensportler | ca. 40 Schläge/ min |

Abb.3: Ruhepuls (Kersten, R. & Siebecke, R. (2010), S.120)

| Fettanteil in % | 21 % | Einstufung: normal |
|---|---|---|

| niedrig | < 21 % |
|---|---|
| normal | 21 - 33 % |
| hoch | 33 - 39 % |
| sehr hoch | ≥ 39 % |

Abb.4: Klassifikation des Körperfettanteils von Frauen zwischen 20 und 39 Jahren (Gallagher et al., 2000)

| BMI | 20,83 kg/m² | Normalgewicht |
|---|---|---|
| Medikamente | Keine | Keine Einschränkungen |
| Weitere gesundheitliche Einschränkungen | Keine | Keine Einschränkungen |

## 1.2 Leistungsdiagnostik/ Ausdauertestung

Die Kundin wird aufgrund der allgemeinen und biometrischen Daten als trainiert eingestuft. Ein geeigneter Test für die Leistungsdiagnostik ist daher der Hollmann-Venrath-Test. Dies ist ein Fahrradergometer-Test, welcher für junge und trainierte Personen geeignet ist, denen eine Belastbarkeit von mindestens 150 Watt zugetraut wird (Kettenis, L. & Eifler, C., Februar 2018, S. 72). Der Hollmann-Venrath-Test ist ein submaximaler Stufentest, welcher mit einer Eingangsbelastung von 30 Watt begonnen und alle drei Minuten um 40 Watt erhöht wird. Die Trittfrequenz soll dabei zwischen 60 und 80 Umdrehungen pro Minute liegen. Die Erhöhung der Wattzahl erfolgt so lange, bis die Kundin die definierte Pulsobergrenze nach IPN erreicht hat. Die Testgröße ist die Wattzahl der Belastungsstufe, bei Erreichen der definierten Pulsobergrenze, welche zuletzt durchgefahren wurde. Um die relative Watt-Soll-Leistung zu berechnen, wird die Wattzahl durch das Körpergewicht dividiert.

Tab.3: Parameter zur Leistungsdiagnostik

| Parameter zur Leistungsdiagnostik | |
|---|---|
| Parameter | Kundendaten |
| Alter | 24 |
| Geschlecht | weiblich |
| Körpergewicht | 66 kg |
| Ruhepuls | 66 Schläge/ min |
| Pulsobergrenze | 150 Schläge/ min → IPN: Einstufung nach Ruheherzfrequenz, Lebensalter und unter Berücksichtigung der Häufigkeit von Ausdauertraining (Trunz, E., 2001; IPN, 2004, S. 4). |
| Testmethode | Hollmann-Vanrath-Test |
| Eingangsbelastung | 30 Watt |
| Stufendauer | 3 Minuten |
| Belastungssteigerung | 40 Watt |
| Trittfrequenz | 60 – 80 Umdrehungen/ min |
| Gesamtwattleistung bei Erreichen der Pulsobergrenze | 150 Watt |
| Relative Watt-Soll-Leistung | 150 Watt / 66 kg = 2,27 ≈ 2,3 Watt pro kg Körpergewicht |

Tab.4: Messprotokoll der Leistungsdiagnostik

| Messprotokoll der Leistungsdiagnostik | | |
|---|---|---|
| Minute | Wattleistung | Puls |
| 1 | 30 Watt | 85 Schläge/ min |
| 2 | 30 Watt | 90 Schläge/ min |
| 3 | 30 Watt | 99 Schläge/ min |
| 4 | 70 Watt | 115 Schläge/ min |
| 5 | 70 Watt | 116 Schläge/ min |
| 6 | 70 Watt | 120 Schläge/ min |
| 7 | 110 Watt | 130 Schläge/ min |
| 8 | 110 Watt | 129 Schläge/ min |
| 9 | 110 Watt | 131 Schläge/ min |
| 10 | 150 Watt | 132 Schläge/ min |
| 11 | 150 Watt | 147 Schläge/ min |
| 12 | 150 Watt | 150 Schläge/ min |

Die Kundin hat nach 12 Minuten die Pulsobergrenze von 150 Schläge/ min erreicht. Um die relative Watt-Soll-Leistung zu berechnen, wird die Gesamtwattleistung durch das Körpergewicht dividiert. Die Wattleistung der Kundin beträgt somit 2,27 Watt/ kg Körpergewicht. Verglichen mit der Normtabelle für submaximale Rad-Ergometertests entspricht dies einer leicht überdurchschnittlichen Ausdauerleistungsfähigkeit (IPN, 2004, S.8). Aus der Normtabelle lässt sich der Belastungsfaktor von 0,64 für die Kundin ablesen.

Tab.5: YoYo Intermittent Recovery Test [Yo-Yo IR]

| Yo-Yo IR | | |
|---|---|---|
| Level | Distanz | VO2max (relativ) |
| 1 | 800 m | 33,12 ml/kg/min |

Durch den YoYo Intermittent Recovery Test kann die Ausdauerleistungsfähigkeit unter Berücksichtigung von Fußballspiel typischen Belastungsstrukturen bestimmt werden. Bei diesem Test finden kurze intensive Belastungen mit kurzen Regenerationsphasen statt. Außerdem ist schnelles Abstoppen erforderlich. Es wird ein Start- und ein Wendehütchen mit einem Abstand von 20 m aufgestellt. Zusätzlich wird ein Hütchen mit einem Abstand von 5 m zu dem Starthütchen aufgestellt. Die Klientin startet beim mittleren Hütchen, dem Starthütchen. Ertönt das erste Signal, muss sie zum Wendehütchen laufen, welches spätestens beim zweiten Signal erreicht sein muss. Dann läuft die Klientin zurück zum Starthütchen, welches erreicht sein muss, bevor das nächste Signal ertönt. Wenn dies geschafft ist, läuft die Klientin zur Regeneration um das 5 m entfernte Hütchen und kehrt zum Starthütchen zurück. Dort wird gewartet, bis das Signal erneut ertönt. Damit beginnt die nächste Runde. Die Abstände der Signale werden immer geringer, sodass die Klientin immer schneller laufen muss. Der Test findet so lange statt, bis die Klientin es zwei mal in Folge nicht schafft die Signale einzuhalten. Die Herzfrequenz wird unmittelbar nach dem Abbruch des Tests dokumentiert, welche bei einem ermüdungsbedingten Abbruch als maximale Herzfrequenz angenommen werden kann. Die Gesamtlaufdistanz kann berechnet werden, indem man die Anzahl der Läufe mit 40 m multipliziert. Anhand dieser, lässt sich die maximale, relative Sauerstoffaufnahme (VO2 max) annäherungsweise berechnen (Verwaltungs Berufsgenossenschaft, 2022). Mit der Formel VO2max = Distanz x 0,0084 + 26,4 kann die VO2max berechnet werden (Bangsbo, J. et al., 2008). Somit beträgt die VO2max bei 800 m 33,12 ml/kg/min.

## 1.3 Gesundheits- und Leistungsstatus der Person

Die aerobe Ausdauerleistungsfähigkeit der Kundin liegt ihrem Alter entsprechend leicht über dem Durchschnitt (IPN, 2004, S.8). Der Blutdruck und der Ruhepuls liegen im normalen Bereich und es gibt keine gesundheitlichen Einschränkungen. Da die Kundin bereits seit einiger Zeit regelmäßig Ausdauertraining betreibt und an die Belastung gewöhnt ist, ist ein intensives Ausdauertraining unbedenklich. Die empfohlene Trainingsherzfrequenz wird durch den Intensitätsfaktor 0,64 berechnet.

## 2 Zielsetzung/ Prognose

Tab.6: Zielsetzung 1

| Inhalt | Ausmaß | Zeit |
|---|---|---|
| Verbesserung der relativen Watt-Soll-Leistung | Steigerung um 0,2 Watt/ kg Körpergewicht. Steigerung von 2,3 auf 2,5 Watt/ kg Körpergewicht | 6 Wochen |

Das Ziel der Kundin ist die Verbesserung der Grundlagenausdauer für Fußballspiele. Die aerobe Ausdauerfähigkeit bei niedrigem Belastungspuls kann durch die relative Watt-Soll-Leistung gemessen werden. Da das Leistungsniveau der Kundin bereits leicht über dem Durchschnitt liegt, wurde als realistisches Ziel eine Steigerung um 0,2 Watt/ kg Körpergewicht in sechs Wochen festgelegt.

Tab.7: Zielsetzung 2

| Inhalt | Ausmaß | Zeit |
|---|---|---|
| Verbesserung der VO2max sowie eine Steigerung der Stufen beim Yo-Yo IR Test | Verbesserung der VO2max um 0,5 ml/ kg/ min. Steigerung um 80 m beim Yo-Yo IR Test. Von 800 m (33,12 ml/ kg/min) auf 880 m (33,79 ml/ kg/ min). | 6 Wochen |

Das dritte Ziel der Kundin ist die Verbesserung der Sprintfähigkeit also eine verbesserte anaerobe Ausdauerfähigkeit. Von diesem Ziel wurde die Verbesserung der VO2max, sowie die Verbesserung beim YoYo-Test abgeleitet. Realistisch ist eine Verbesserung um 80 m und somit eine Verbesserung der relativen VO2max um 0,67 ml/ kg/ min.

Tab.8: Zielsetzung 3

| Inhalt | Ausmaß | Zeit |
|---|---|---|
| Ruheherzfrequenz senken | Senkung um 3 Schläge/ min Von 66 Schläge/ min auf 63 Schläge/ min | 6 Wochen |

Das zweite Ziel der Kundin ist die Steigerung der Konzentration. Daraus wurde die Senkung der Ruheherzfrequenz abgeleitet. Eine Senkung der Ruheherzfrequenz um 0,5 Schläge pro Woche ist realistisch (Eifler, C., 2018, S.44).

# 3 Trainingsplanung Mesozyklus

## 3.1 Grobplanung Mesozyklus

Tab.9: Grobplanung Mesozyklus

| Mesozyklus | |
|---|---|
| Dauer | 6 Wochen |
| Trainingsziel | Sportartspezifisches Ausdauertraining: <br> Grundlagenausdauer verbessern, <br> Sprintfähigkeit verbessern, <br> Konzentrationsfähigkeit steigern |
| Gesamttrainingsumfang/ Woche | 3 - 4,5 h |
| Trainingshäufigkeit / Woche | 3 mal, je 1 - 1,5 h |
| Trainingsmethode | - extensive Dauermethode <br> - intensive Intervallmethode <br> - extensive Intervallmethode |
| Belastungsintensität | 50-60% Hf(max) bei der extensiven Dauermethode <br> 95-100% Hf(max) bei der intensiven Intervallmethode <br> 80-90% Hf(max) bei der extensiven Intervallmethode |
| Dauer je Trainingseinheit und Methode | 20-45 min extensive Dauermethode <br> 20-30 min intensive Intervallmethode <br> 45-66 min extensive Intervallmethode |
| Trainingsgeräte | Laufband |

## 3.2 Detailplanung Mesozyklus

Tab.10: Detailplanung Mesozyklus Woche 1

| Detailplanung Mesozyklus Woche 1 | | | |
|---|---|---|---|
| | Montag | Mittwoch | Freitag |
| Trainingsziel | Grundlagenausdauer 1/ Regeneration | Ausdauertraining sportartspezifisch | Grundlagenausdauer 2 |
| Trainingsmethode | Extensive Dauermethode | Intensive Intervallmethode | Extensive Intervallmethode |
| Trainingsintensität | 50-60% Hf(max) | Intervall: 95-100% Hf(max) Pause: 50-60% Hf(max), bis zu 3 min | Intervall: 80-90% Hf(max) Pause: 50-60% Hf(max), bis zu 3 min |
| Trainingsherzfrequenz: berechnet nach der Karvonen-Formel = (Hfmax − HfRuhe) x Intensität in % + HfRuhe | 131 − 144 Schläge/ min | Intervall: 189,5 − 196 Schläge/ min Pause: 131 − 144 Schläge/ min | Intervall: 170 − 183 Schläge/ min Pause: 131 − 144 Schläge/ min |
| Intervalle | keine | Kurzzeitintervalle: 6 Intervalle je 30 s | Mittelzeitintervalle: 9 Intervalle je 2 min |
| Trainingsdauer | 20 min | 21 min (inklusive lohnende Pausen) | 45 min (inklusive lohnende Pausen) |
| Trainingsgerät | Laufband | Laufband | Laufband |

Tab.11: Detailplanung Mesozyklus Woche 2

| Detailplanung Mesozyklus Woche 2 | | | |
|---|---|---|---|
| | Montag | Mittwoch | Freitag |
| Trainingsziel | Grundlagenausdauer 1/ Regeneration | Ausdauertraining sportartspezifisch | Grundlagenausdauer 2 |
| Trainingsmethode | Extensive Dauermethode | Intensive Intervallmethode | Extensive Intervallmethode |
| Trainingsintensität | 50-60% Hf(max) | Intervall: 95-100% Hf(max) Pause: 50-60% Hf(max), bis zu 3 min | Intervall: 80-90% Hf(max) Pause: 50-60% Hf(max), bis zu 3 min |
| Trainingsherzfrequenz | 131 − 144 Schläge/ min | Intervall: 189,5 − 196 Schläge/ min Pause: 131 − 144 Schläge/ min | Intervall: 170 − 183 Schläge/ min Pause: 131 − 144 Schläge/ min |
| Intervalle | keine | Kurzzeitintervalle: 7 Intervalle je 30 s | Mittelzeitintervalle: 10 Intervalle je 2 min |
| Trainingsdauer | 25 min | 24,5 min (inklusive lohnende Pausen) | 50 min (inklusive lohnende Pausen) |
| Trainingsgerät | Laufband | Laufband | Laufband |

Tab.12: Detailplanung Mesozyklus Woche 3

| Detailplanung Mesozyklus Woche 3 | | | |
|---|---|---|---|
| | Montag | Mittwoch | Freitag |
| Trainingsziel | Grundlagenausdauer 1/ Regeneration | Ausdauertraining sportartspezifisch | Grundlagenausdauer 2 |
| Trainingsmethode | Extensive Dauermethode | Intensive Intervallmethode | Extensive Intervallmethode |
| Trainingsintensität | 50-60% Hf(max) | Intervall: 95-100% Hf(max) Pause: 50-60% Hf(max), bis zu 3 min | Intervall: 80-90% Hf(max) Pause: 50-60% Hf(max), bis zu 3 min |
| Trainingsherzfrequenz | 131 – 144 Schläge/ min | Intervall: 189,5 – 196 Schläge/ min Pause: 131 – 144 Schläge/ min | Intervall: 170 – 183 Schläge/ min Pause: 131 – 144 Schläge/ min |
| Intervalle | keine | Kurzzeitintervalle: 8 Intervalle je 30 s | Mittelzeitintervalle: 11 Intervalle je 2 min |
| Trainingsdauer | 30 min | 28 min (inklusive lohnende Pausen) | 55 min (inklusive lohnende Pausen) |
| Trainingsgerät | Laufband | Laufband | Laufband |

Tab.13: Detailplanung Mesozyklus Woche 4

| Detailplanung Mesozyklus Woche 4 | | | |
|---|---|---|---|
| | Montag | Mittwoch | Freitag |
| Trainingsziel | Grundlagenausdauer 1/ Regeneration | Ausdauertraining sportartspezifisch | Grundlagenausdauer 2 |
| Trainingsmethode | Extensive Dauermethode | Intensive Intervallmethode | Extensive Intervallmethode |
| Trainingsintensität | 50-60% Hf(max) | Intervall: 95-100% Hf(max) Pause: 50-60% Hf(max), bis zu 3 min | Intervall: 80-90% Hf(max) Pause: 50-60% Hf(max), bis zu 3 min |
| Trainingsherzfrequenz | 131 – 144 Schläge/ min | Intervall: 189,5 – 196 Schläge/ min Pause: 131 – 144 Schläge/ min | Intervall: 170 – 183 Schläge/ min Pause: 131 – 144 Schläge/ min |
| Intervalle | keine | Kurzzeitintervalle: 6 Intervalle je 40 s | Mittelzeitintervalle: 9 Intervalle je 3 min |
| Trainingsdauer | 35 min | 22 min (inklusive lohnende Pausen) | 54 min (inklusive lohnende Pausen) |
| Trainingsgerät | Laufband | Laufband | Laufband |

Tab.14: Detailplanung Mesozyklus Woche 5

| Detailplanung Mesozyklus Woche 5 | | | |
|---|---|---|---|
| | Montag | Mittwoch | Freitag |
| Trainingsziel | Grundlagenausdauer 1/ Regeneration | Ausdauertraining sportartspezifisch | Grundlagenausdauer 2 |
| Trainingsmethode | Extensive Dauermethode | Intensive Intervallmethode | Extensive Intervallmethode |
| Trainingsintensität | 50-60% Hf(max) | Intervall: 95-100% Hf(max) Pause: 50-60% Hf(max), bis zu 3 min | Intervall: 80-90% Hf(max) Pause: 50-60% Hf(max), bis zu 3 min |
| Trainingsherzfrequenz | 131 – 144 Schläge/ min | Intervall: 189,5 – 196 Schläge/ min Pause: 131 – 144 Schläge/ min | Intervall: 170 – 183 Schläge/ min Pause: 131 – 144 Schläge/ min |
| Intervalle | keine | Kurzzeitintervalle: 7 Intervalle je 40 s | Mittelzeitintervalle: 10 Intervalle je 3 min |
| Trainingsdauer | 40 min | 26 min (inklusive lohnende Pausen) | 60 min (inklusive lohnende Pausen) |
| Trainingsgerät | Laufband | Laufband | Laufband |

Tab.15: Detailplanung Mesozyklus Woche 6

| Detailplanung Mesozyklus Woche 6 | | | |
|---|---|---|---|
| | Montag | Mittwoch | Freitag |
| Trainingsziel | Grundlagenausdauer 1/ Regeneration | Ausdauertraining sportartspezifisch | Grundlagenausdauer 2 |
| Trainingsmethode | Extensive Dauermethode | Intensive Intervallmethode | Extensive Intervallmethode |
| Trainingsintensität | 50-60% Hf(max) | Intervall: 95-100% Hf(max) Pause: 50-60% Hf(max), bis zu 3 min | Intervall: 80-90% Hf(max) Pause: 50-60% Hf(max), bis zu 3 min |
| Trainingsherzfrequenz | 131 – 144 Schläge/ min | Intervall: 189,5 – 196 Schläge/ min Pause: 131 – 144 Schläge/ min | Intervall: 170 – 183 Schläge/ min Pause: 131 – 144 Schläge/ min |
| Intervalle | keine | Kurzzeitintervalle: 8 Intervalle je 40 s | Mittelzeitintervalle: 11 Intervalle je 3 min |
| Trainingsdauer | 45 min | 30 min (inklusive lohnende Pausen) | 66 min (inklusive lohnende Pausen) |
| Trainingsgerät | Laufband | Laufband | Laufband |

## 3.3 Begründung zum Mesozyklus

Die Planung des Mesozyklus basiert auf den Zielen der Klientin. Das Leistungsniveau der Kundin liegt leicht über dem Durchschnitt. An diesem Leistungsniveau orientiert sich die Detailplanung. Die Kundin ist aufgrund ihrer früheren sportlichen Aktivität einen hohen Belastungsumfang gewohnt. Die Trainingseinheiten wurden unter Berücksichtigung ihrer Trainingseinheiten im Fußballverein, sowie ihrem zeitlichen Verfügungsrahmen auf Montag, Mittwoch und Freitag gelegt. Innerhalb des Mesozyklus wird mit der extensiven Dauermethode, der intensiven Dauermethode und der extensiven Intervallmethode trainiert. Die einzelnen Trainingsmethoden zielen jeweils auf eines der festgelegten Ziele ab. Durch die verschiedenen Trainingsmethoden bleibt das Training abwechslungsreich. Da die Kundin am Sonntag ein Fußballspiel hat, startet das Training am Montag mit der extensiven Dauermethode mit einer niedrigen Herzfrequenz zur besseren Regeneration. Bei dieser Methode wird nicht nur die Grundlagenausdauer bei einer niedrigen Herzfrequenz trainiert, sondern auch die Ruheherzfrequenz gesenkt. Durch eine gesenkte Ruheherzfrequenz wird die Konzentration gesteigert, was vor allem bei Fußballspielen von Vorteil ist. Mittwochs wird die intensive Intervallmethode eingesetzt um spielnahe Situationen zu simulieren. Hierbei soll die Sprintfähigkeit, sowie die kurzzeitige Erholungsfähigkeit und dadurch die VO2max verbessert werden (Astorino T.A. et al., 2012). Freitags wird mit der extensiven Intervallmethode trainiert, um die allgemeine Grundlagenausdauer weiterzuentwickeln. Dadurch kann eine hohe Intensität über einen langen Zeitraum aufrechterhalten werden, wie es bei einem Fußballspiel benötigt wird. Die Trainingsherzfrequenz der jeweiligen Trainingseinheit wird mit der Karvonen-Formel berechnet (van den Berg, F. et al., 2007). Die Belastungsintensität liegt entsprechend der Trainingsmethode zwischen 50% Hf(max) und 90% Hf(max) und wird bei der jeweiligen Trainingseinheit über sechs Wochen nicht erhöht. Die Trainingsdauer und Intervalldauer werden mit jeder Woche erhöht. Erst zu einem späteren Zeitpunkt wird die Belastungsdauer erhöht. Die extensive Dauermethode startet am ersten Tag mit einem 20 minütigen Lauf und wird jede Woche um 5 min gesteigert. Die intensiven Kurzzeitintervalle am zweiten Trainingstag steigern sich von der ersten bis zur dritten Woche von 6 auf 8 Intervalle, wobei die Dauer der Intervalle gleich bleibt. Ab der vierten Woche wird die Intervalldauer auf 40s erhöht und mit 6 Intervallen trainiert und wöchentlich um einen Intervall gesteigert. Die extensiven Mittelzeitintervalle am dritten Trainingstag werden mit dem gleichen Prinzip gesteigert. Begonnen wird mit 9 Intervallen mit je 2 Minuten Belastungsdauer, welche bis zur dritten Woche um jeweils einen Intervall auf 11 Intervalle gesteigert werden, wobei die Belastungsdauer nicht erhöht wird. Ab der vierten Woche steigt die Belastungsdauer auf 3 Minuten je Intervall und die Anzahl wird wöchentlich um je ein Intervall erhöht. Die lohnende Pause zwischen den Intervallen beträgt höchstens 3 Minuten. Ziel der lohnenden Pausen ist die Herzfrequenz zu senken. Dafür wird mit geringer Intensität gelaufen bis das nächste Intervall beginnt. Das Ziel ist mehr Intervalle über eine längere Dauer mit gleich bleibender Intensität leisten zu können. Es wird mit einer Steigerung des Belastungsumfangs gearbeitet, welcher progressiv erhöht wird. Eine Steigerung der Trainingshäufigkeit ist bei der Klientin aufgrund ihres zeitlichen Verfügungsrahmen nicht möglich. Jede Trainingseinheit wird in ihrem Gesamtumfang erhöht. Entweder durch eine höhere Belastungsdauer oder durch ein weiteres Intervall. Ziel dabei ist die Dauer pro Trainingseinheit mit hoher Intensität zu steigern. Als Ausdauergerät wurde das Laufband ausgewählt, da dieses der Laufbewegung im Fußball am nächsten kommt. Durch die unterschiedlichen Trainingsmethoden bleibt das Training abwechslungsreich. Das Training kann auch draußen im ebenen Gelände stattfinden.

# 4 Literaturrecherche

Tab.16: Vergleich von zwei Studien

| Vergleich von zwei Studien | | |
|---|---|---|
| | Studie 1 | Studie 2 |
| Titel | Einfluss körperlicher Aktivität auf die Fettoxidation und Endothelfunktion bei Adipösen – eine randomisiert kontrollierte Studie | Kombinierte Therapie der Adipositas mit Reduktionskost und Ausdauertraining. Metabolische Auswirkungen |
| Autoren | S. Bircher & C. Mucha | A. Wirth, W. Bieger, I. Vogel & G. Schlierf |
| Erscheinungsjahr | 2007 | 1987 |
| Versuchspersonen | 26 adipöse Probanden mit einem BMI über 30 kg/m² wurden zufällig in eine Trainings- und Kontrollgruppe aufgeteilt. | 20 Übergewichtige (9 Frauen und 8 Männer) mit einem Durchschnittsalter von 34 Jahren, einem durchschnittlichen Gewicht von 110 kg und einer Durchschnittsgröße von 169 cm wurden zufällig in zwei Gruppen aufgeteilt. |

| Vergleich von zwei Studien | | |
|---|---|---|
| | Studie 1 | Studie 2 |
| Versuchsaufbau | Die Trainingsgruppe absolvierte über 12 Wochen drei Trainingseinheiten wöchentlich über 45 min, mit jeweils individuell bestimmter Intensität der höchsten Fettoxidation. Durch einen Laufband-Belastungstest wurde die Fettoxidation bestimmt. Die Endothelfunktion wurde mit der Ultraschallmethode an der Arteria brachialis beurteilt. Zu Beginn und Ende der 12 Wochen wurde in beiden Gruppen eine Kontrollmessung vorgenommen (Bircher & Mucha, 2007). | Die Trainingsgruppe absolvierte ein Training auf dem Fahrradergometer mit 40 % der maximalen Leistungsfähigkeit. Das Training wurde 5 mal in der Woche je 6 mal am Tag durchgeführt. Trainingsdauer und Trainingsbelastung wurden erhöht, sodass in den letzten Wochen täglich bis zu 3 Stunden trainiert wurde. Die Trainings- und Kontrollgruppe erhielten jeweils eine Mischkost mit 300 kcal, welche aus 25-30 % Kohlenhydraten, 35-40 % Fett und 35-40 % Eiweiß bestand. Es wurde vor und wöchentlich während der Therapie eine maximale Ergometerbelastung durchgeführt. Zu Beginn des Trainings betrug die Belastung bei Männern 100 Watt und bei Frauen 50 Watt. Die Leistung wurde, bis hin zur Erschöpfung, alle 3 Minuten um 50 Watt erhöht. Es wurden freie Fettsäuren, freies Glycerin sowie Adrenalin und Noradrenalin im Blut bestimmt. Außerdem wurde die Katecholaminbindung an isolierten Leukozyten durchgeführt (Wirth et al, 1987). |
| Ergebnis/ Schlussfolgerung | Ein Ausdauertraining über 12 Wochen, bei dem die individuelle Intensität der höchsten Fettoxidation berücksichtigt wird, verbessert die Endothelfunktion und Fettoxidation bei adipösen Frauen und Männern auch ohne substantiellen Gewichtsverlust (Bircher & Mucha, 2007). | Die Trainingsgruppe nahm 10,7 kg ab, während die Kontrollgruppe 9,4 kg abnahm. Der systolische Blutdruck und die Herzfrequenz der Trainingsgruppe nahm um 14 % ab. Bei der Kontrollgruppe waren keine signifikanten Veränderungen ersichtlich. Durch die reduzierte Kost stiegen die freien Fettsäuren sowie das freie Glycerin im Nüchternzustand bei beiden Gruppen an. Durch das zusätzliche Training war die Konzentration jedoch höher. Die Konzentration der Ketacholamine nahm bei beiden Gruppen in Ruhe ab. Die Betarezeptorenanzahl nahm in beiden Gruppen zu (Wirth et al, 1987). |

# 5 Literaturverzeichnis

Astorino, T., Allen, R.P., Roberson, D.W. & Jurancich, M. (2012). Effect of high-intensity intervall training on cardiovascular function, VO2max, and muscular force. Journal of Strenghth and Conditioning Research, 26 (1), 138-145.

Bangsbo, J., Iaia, F.M. & Krustrup, P. (2008). The Yo-Yo intermittent recovery test: A useful tool in evaluation of physical performance in intermittent sports. Sports Medicine.28 (1), S.37-51.

Bircher, S. & Mucha, C. (2007) Einfluss körperlicher Aktivität auf die Fettoxidation und Endothelfunktion bei Adipösen – eine randomisiert kontrollierte Studie. Medizinische Rehabilitation und Prävention, Deutsche Sporthochschule Köln & Nutritional Physiological Research Group, University of South Australia, Australia.

Eifler, C. (2018). Studienbrief Trainingslehre I - Gesundheitsorientiertes Krafttraining (rev.26.045.000). Saarbrücken: Deutsche Hochschule für Prävention und Gesundheitsmanagement.

Kottenis, L. & Eifler, C. (2018). Studienbrief Trainingslehre II – Gesundheitsorientiertes Ausdauertraining (rev.26.047.000). Saarbrücken: Deutsche Hochschule für Prävention und Gesundheitsmanagement

Trunz, E. (2001). IPN-Test®-Test – Ausdauertest für den Fitness- und Gesundheitssport. Köln. Institut für Prävention und Nachsorge. Köln.

Van den Berg, F. (Hrsg.), Cabri, J., Elvey, B., Gosselink, R., Haas, H.J., Heesen, G. et al. (2007). Angewandte Physiologie. Band 3, 2. Aktualisierte Auflage. Stuttgart: Georg Thieme Verlag.Trainingstherapie, 97. Zugriff am 27.03.2022. Verfügbar unter Angewandte Physiologie - Google Books

Verwaltungs-Berufsgenossenschaft (2022). Professionelle Tests zur Bestimmung der fußballspezifischen Ausdauerleistungsfähigkeit . Zugriff am 04.04.2022. Verfügbar unter

https://www.vbg.de/DE/3_Praevention_und_Arbeitshilfen/1_Branchen/11_Sport/ 01_FUSSBALL/2_Diagnostik_Versorgung/01_Funktionelle_Tests/ 04_Schwerpunkt_Ausdauer/schwerpunkt_ausdauer_node.html

Wirth, A., Bieger, W., Vogel, I. & Schlierf, G., (1987) Kombinierte Therapie der Adipositas mit Reduktionskost und Ausdauertraining. Metabolische Auswirkungen. Fachklinik Teutoburger Wald, Bad Rothenfelde und Medizinische Universitätsklinik Heidelberg, Heidelberg, Deutschland.

# 6 Abbildungs- und Tabellenverzeichnis

## 6.1 Abbildungsverzeichnis

## 6.2 Tabellenverzeichnis